This Notebook Belongs To

____

www.ingramcontent.com/pod-product-compliance
Lightning Source LLC
LaVergne TN
LVHW060210080526
838202LV00052B/4236
* 9 7 8 2 9 2 5 6 2 4 5 8 5 *